推しにささげる

スイーツレシピ　メリリル 著

Sweets Recipes

CONTENTS

※（）内は作り方ページ

CHAPTER **3**

毎日推しといっしょ！　推し色おうちカフェ

CHAPTER **4**

お菓子でできた推し活アイテム！　推しグッズスイーツ

CHAPTER **5**

特別な日に作りたい！　推しにささげるスペシャルスイーツ

基本の道具

お菓子を作る際に必要な道具を紹介します。
実際に作る前にレシピを一読して、
必要なものをそろえておくと安心です。

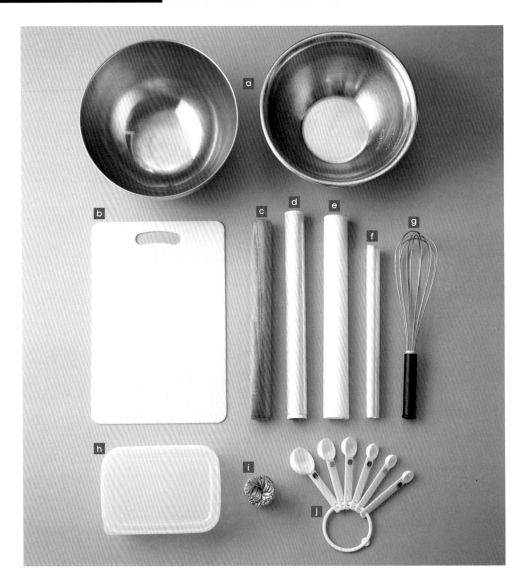

a ボウル
材料を混ぜるときに。2つ以上あると便利。
直径20cmほどのものが使いやすい。

b まな板
カットするときはもちろん、着色する際の作
業台としても。

c めん棒
クッキーなどの生地をのばすときに。

d ラップ
アイシングクリームは作ったそばから乾燥す
るので、逐一ラップを忘れないように。

e オーブンシート
クッキーやケーキなどを焼く際に天板に敷く
もの。ケーキの型紙にも。

f OPPシート
アイシング用のコルネを作る際に。

g 泡立て器
材料を混ぜる際に使用する。

h 耐熱容器
電子レンジで溶かしバターを作ったり、アイ
シングクッキーを乾かす際の保管用にも。

i つまようじ
アイシングカラーで着色する際の必需品。
マーブル模様を作る際にも使用する。

j 軽量スプーン
材料の軽量に。写真のものは大さじ1、½、
小さじ1、½、⅓、¼がはかれる。

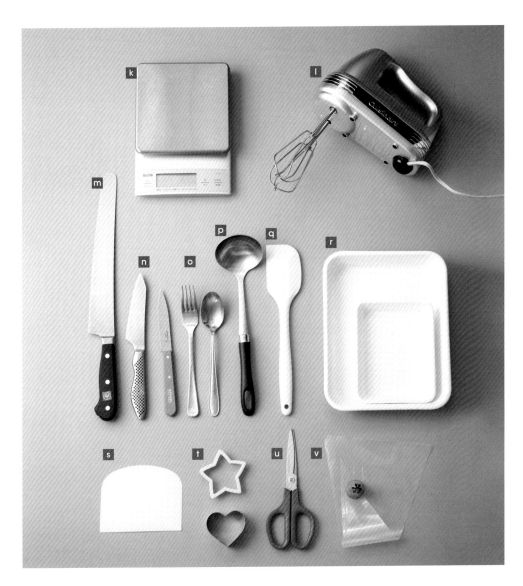

k はかり
材料をはかるときに使用する。

l ハンドミキサー
生クリームやメレンゲを泡立てるときに。

m ケーキナイフ
スポンジを切るときに便利。波刃タイプが切りやすい。パン切りナイフでも代用可。

n 包丁、ナイフ
材料をカットするときに。ペティナイフもあると便利。

o フォーク、スプーン
材料を混ぜるときなどに使用する。

p おたま
パンケーキやクレープをフライパンで焼く際に使用する。

q ゴムベラ
材料を混ぜるときに使用する。高温のものに使用するときは必ず耐熱用ゴムベラを。

r バット
ペンライト琥珀糖やチョコレートバークを作る際に使用する。

s スケッパー
絞り袋やコルネにクリーム類を詰めるときに。

t クッキー型
クッキーの生地を好きな形に抜く道具。さまざまな形がある。

u はさみ
コルネを作るときや、コルネの先端を切るとき、型紙を切る際に。

v 絞り袋、口金
クリーム類を絞るときに。口金はさまざまな種類がある。

はじめに

かわいいお菓子が大好きです。
カラフルなお菓子は特別なかわいさがあってときめきます。

そんなカラフルでかわいいお菓子を簡単に作れるアイディアを集めてみました。
簡単・かわいい・おいしい・推し色の素敵なお菓子たちです。

お菓子作りに自信がない人でも
買ってきたお菓子にちょっと手間を加えれば、推し色スイーツのできあがり。
自分で色を調整できるから、本物の推し色に近い色のお菓子が作れちゃいます。

お休みの日や時間に余裕があるときは、クッキーやチョコを手作りしてみて。
記念日当日はお店のケーキを買ってもOK。
市販のお菓子と手作りお菓子を組み合わせれば、スペシャルなスイーツのできあがり。
いろんな種類のお菓子やドリンクを作って
推し色アフタヌーンティーもおすすめ。
パンケーキとクレープなら、オーブンがなくても大丈夫！
楽しみ方はいろいろです。

素敵な推し色ティータイムのお手伝いができたら、とても嬉しいです。

推し色の心ときめく、甘やかな時間をお楽しみください。

メリリル
mélililou

お菓子作りの前に

この本の決まりごとを紹介します。お菓子作りの前に、必ず読んでください。

- この本で使用している大さじは 15ml、小さじは 5ml です。

- 卵は M サイズを使用しています。

- レシピに登場する薄力粉は、すべてあらかじめふるいにかけてから使用してください。

- バター、クリームチーズは調理する前に室温に戻しておいてください。
  (p.59 のペンライトショートブレッドのみ、冷蔵庫から出した直後のバターを使用します)

- 生クリームを泡立てるときは、氷水を入れたボウルを重ねて泡立てましょう。

- オーブンは使用する前に、あらかじめ指定の温度になるようにあたためておいてください。

- 電子レンジの温度、オーブンの温度、焼き時間はご使用の機種によって変わります。レシピは目安とし、焼き加減を確かめて調整してください。

- 焼きあがり加減は、つまようじを刺して確認してください。つまようじに生地がついてこなければ大丈夫です。

- フライパンはフッ素樹脂加工のものを使用しています。

- チョコレートのレシピはテンパリングをする代わりにホワイトチョコレートにサラダ油を入れて扱いやすくしています。

- レシピ内のホワイトチョコレートとサラダ油は、コーティングチョコレートと板チョコレートでも代用できます。分量の目安は、ホワイトチョコを 100 とした場合、コーティングチョコ 50、板チョコ 50 の比率にしてください。

- チョコレートは冷蔵庫で保存してください。

- チョコレートを湯煎するときは、水が入らないように注意してください。

- アイシングクッキーは保存容器などに入れ、一晩乾燥させてください。

CHAPTER 1

はじめてでも簡単！

チョコレートと
ゼリーの
推し色スイーツ

チョコレートの推し色パレット

ホワイトチョコレートにチョコレート用着色料を使えば、
推し色の再現も自由自在。色味は着色時の参考にしてください。

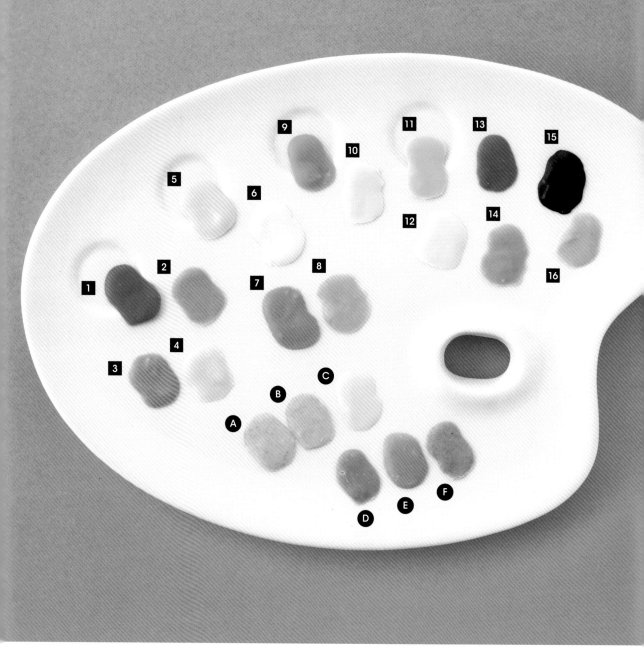

《 チョコレートに使う着色料 》

手に入りやすいのは
Wilton 社の食用色素

本書では手に入りやすく、発色のよい Wilton 社のチョコレート用着色料を使用しています。色はレッド、ピンク、イエロー、オレンジ、グリーン、ブルー、バイオレット、ブラックの全8色。オイルベースの着色料です。製菓材料店やインターネットなどで購入できます。このほかにもチョコレート用着色料は粉末やさまざまなタイプがあり、各種メーカーから販売されています。

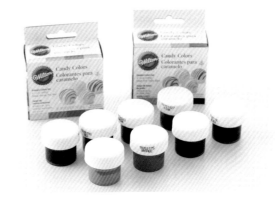

天然素材の着色パウダー

天然の食物からとれる色素をパウダーにした着色素材です。
上段左はかぼちゃ、中央は抹茶、右は紫芋。下段左はいちご、中央はにんじん、右はバタフライピー。天然素材ならではのマイルドな色合いが特徴です。

※バタフライピーには子宮収縮作用があるとも言われています。念のため妊娠、生理中は避けてください。

推し色の作り方

パレットに置いた色に使っている着色料と、分量の目安を紹介します。
着色の方法は p.14 を参考にしてください。

1 赤 …………………… Wilton 社　レッド ……… 多め
2 薄めの赤 ………… Wilton 社　レッド ……… 少なめ
3 ピンク …………… Wilton 社　ピンク ……… 多め
4 パステルピンク …… Wilton 社　ピンク ……… 少なめ
5 黄色 ……………… Wilton 社　イエロー ……… 多め
6 パステルイエロー … Wilton 社　イエロー ……… 少なめ
7 オレンジ ………… Wilton 社　オレンジ ……… 多め
8 パステルオレンジ …… Wilton 社　オレンジ ……… 少なめ

9 グリーン ……………… Wilton 社　グリーン ……… 多め
10 パステルグリーン …… Wilton 社　グリーン ……… 少なめ
11 ブルー ………………… Wilton 社　ブルー ……… 多め
12 パステルブルー ……… Wilton 社　ブルー ……… 少なめ
13 紫 ……………………… Wilton 社　バイオレット ……… 多め
14 パステルバイオレット …… Wilton 社　バイオレット … 少なめ
15 黒 ……………………… Wilton 社　ブラック ……… 多め
16 グレー ………………… Wilton 社　ブラック ……… 少なめ

A ピンク …… いちごパウダー
B オレンジ …… にんじんパウダー

C 黄色 …… かぼちゃパウダー
D 緑 …… 抹茶パウダー

E 紫 …… 紫芋パウダー
F 青 …… バタフライピーパウダー

チョコがけドーナッツ

市販のドーナッツやマドレーヌに
推し色のチョコをトッピング。
チョコペンで模様をつけてもかわいい！

CHOCOLATE

LOLLIPOP CHOCOLATE

ロリポップチョコ

チョコレートモールドに流し込むだけで
色とりどりのチョコが作れる！
サクサクのコーンフレークの食感が楽しい♪

チョコがけドーナッツ の作り方

［材料］作りやすい量
ホワイトチョコレート ………………………… 100g
サラダ油 ………………………………… 小さじ 1
チョコレート用着色料 ………………………… 適量
市販のドーナッツ
チョコペン ……………………………… 必要に応じて
飾りの砂糖、アラザン ………………………… 適量

01

ホワイトチョコレートを包丁で細かく刻む。

02

ボウルに入れる。

03

同じ大きさのボウルに 50 度のお湯を入れて重ねる（＝湯煎する）。

04

チョコレートが溶けたら、サラダ油を入れてよく混ぜる。

05

つまようじにチョコレート用着色料をとり、色を見ながら少しずつ着色する。

06

チョコレート用着色料をよく混ぜる。

07

色ができたら、ドーナッツをひたす。冷蔵庫で冷やし固める。

08

チョコペンを使って、ぐるぐると模様を描く。

09

チョコレートが固まる前に、チョコスプレーやアラザン、飾りの砂糖をかけても◎。

[ロリポップ チョコ] の作り方

[材料] 約6個分／1個＝約4cm目安

ホワイトチョコレート ………………………… 25g
サラダ油 ………………………………… 小さじ¼

チョコレート用着色料 ………………………… 適量
コーンフレーク ………………………………… 15g
コーンフレーク用のホワイトチョコレート ……… 40g
刻みアーモンド ………………………………… 大さじ1

01

ロリポップ用の型（チョコレートモールド）を
用意する。

02

ホワイトチョコレート25gを湯煎で溶かし、
サラダ油を入れて着色する（p.14参照）。

03

2をスプーンで型の表面に塗り、冷蔵庫で
10分ほど冷やし固める。

04

別のボウルでチョコ40gを湯煎し、細かく
砕いたコーンフレーク、アーモンドと混ぜる。

05

4を冷やしておいた3の型の半分まで入れ、
スティックを置く。

06

5の上にさらに4を乗せ、スプーンで整える。

07

冷蔵庫で1時間ほど冷やし、固まったら型か
ら取り出してできあがり。

寒天の推し色パレット

型に合わせてしっかりと固まる寒天は、かわいい型の良さを楽しめる優れもの。
市販のシロップで着色できます。

寒天・ゼリーの着色料

シロップが便利

寒天、ゼリーともシロップで着色します。インターネットなどで季節を問わずに大きなシロップ瓶を買うことが可能で、市販のかき氷シロップが手頃です。夏になるとワンコインショップなどでも小さいポーション入りのかき氷シロップが入手しやすくなります。フランス発祥のMONIN（モナン）シロップは100種類以上とカラーバリエーションが豊富。ノンアルコールカクテルのリキュールとしても使用可能。輸入食材店などで購入できます。

ゼリーの推し色パレット

ゼリーは寒天ほどしっかり固まらず、ぷるんとした食感が楽しめるのが特徴。
使用する着色料は、寒天と同じです。

寒天・ゼリーの推し色の作り方

1 赤 ··· いちごシロップ
2 オレンジ ················ いちごシロップ（赤）+ レモンシロップ（黄）
3 黄色 ·· レモンシロップ
4 緑 ··· メロンシロップ
5 青 ············· いちごシロップ（赤）1：ブルーハワイシロップ（青）5
6 水色 ·· ブルーハワイシロップ
7 紫 ············· いちごシロップ（赤）2：ブルーハワイシロップ（青）1

※一般的なかき氷シロップを使用した場合。
※かき氷シロップはメーカーによって味や色の濃度が異なります。
※着色の方法は p.20-21 を参考にしてください。

三色のシロップでも色は作れる！

Column

たくさんの色をそろえる
のが大変なときは、ひと
まず3色のシロップがあ
れば大丈夫。右の混色表
のように混ぜるだけで3
色のシロップから6色の
色味が作れます。

赤
紫　　オレンジ
青　　緑　　黄

赤色のシロップ
青色のシロップ
黄色のシロップ

KANTEN

レモン寒天

かわいい型の形をきちんと再現してくれる、
固まる力が強い粉寒天。
レモン果汁入りでスッキリおいしい！

ゼリードリンク

口の中でゼリーがプルプル揺れる
食感も楽しいドリンク。
かき氷シロップの味がなんだか懐かしい。

JELLY

レモン寒天 の作り方

[材料]約4個分／1個＝ 90ml 目安

水	300ml	レモン果汁	大さじ2
粉寒天	2g	シロップ	大さじ2
グラニュー糖	大さじ2		

01

鍋に水と粉寒天を入れ、中火で沸騰させる。
沸騰したら弱火にし、約2分加熱する。

02

グラニュー糖を入れて溶かす。

03

火からおろしてボウルに入れる。

04

レモン果汁とシロップを加えてよく混ぜる。

05

型に入れ、粗熱が取れたら冷蔵庫で1時間
冷やし固めてできあがり。

写真撮影の Point

寒天の上に生クリームを絞って、さくらんぼを乗せるともっとかわいい寒天に！推し色がキレイに映える、ちょっと特別なスイーツに変身しちゃう。

ゼリードリンク の作り方

[材料] 約2杯分
水 ……………………………… 大さじ3
粉ゼラチン ……………………… 5g
サイダー …………… 250ml（常温に戻しておく）
シロップ ……………………… 大さじ2
サイダー ……………… 250ml（冷やしておく）

01

ゼラチンを水に振り入れ、ふやかしておく。

02

サイダー 50ml を 500W の電子レンジで約
30 秒加熱する。

03

2 に **1** を入れて溶かす。

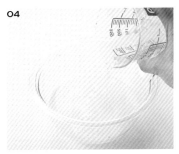

04

ボウルにサイダー 200ml を入れ、**3** とシロッ
プを加え、静かに混ぜ合わせる。

05

粗熱が取れたら、冷蔵庫で 4 時間冷やし固
める。写真は固まったところ。

06

フォークで崩しながら器に盛る。

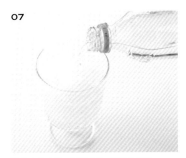

07

冷えたサイダーを注いで、できあがり。

Column no.1

寒天とゼリーの違い

透明な質感が似ている寒天とゼリー。性質の違いを知っておくとレシピの幅も広がります。下の表で確認してみてください。

	寒天	ゼリー(ゼラチン)
原料	テングサなどの海藻	コラーゲン(動物性タンパク質の一種)
固まる温度	常温で固まる	冷蔵庫で固まる
溶ける温度	常温では溶けない	夏は常温で溶ける
特徴	しっかりと固まるので、型抜きに向く	柔らかめに固まるので、プルプルとした食感が楽しめる

※本書では寒天=粉寒天を使用

Column no.2

ゼリードリンクは
2色以上でもキレイ

p.19で紹介したゼリーのドリンクは、たくさんの色を混ぜてもキレイに仕上がります。推しグループ全員の色を入れたグループドリンクにするのもおすすめ。色をキレイに出すコツは、スプーンでゼリーを大きめにすくうこと。ゼリーのかたまりを大きめにしておくと、いろんな色があっても混ざりにくくなります。少しずつゼリーを入れて、サイダーを注ぎ、全体のバランスを見ながら調整しましょう。もちろん2色に絞って推しカプドリンクを作るのもおすすめ!

CHAPTER 2

市販のスイーツにプラス！

推し色
アイシング

アイシングカラーの推し色パレット

さまざまなお菓子に着色できるアイシングカラー。色の作り方は、絵の具の色を混ぜる感覚と似ています。
使いこなせば、再現できない色はないかも!?　あなただけの推し色作りにチャレンジしてみて。

（ アイシングカラー ）

いろいろなレシピに使える

この本ではチョコレート用着色料と同じメーカーの、アメリカの Wilton 社の食用色素を使用しています。ジェル状でそのまま使えるのが特徴で、製菓に幅広く使われています。着色の際は白いアイシングにほんの少しずつ加えていきます（p.33 参照）。とても発色がよいので、色をつけるときは一気に入れず、少しずつ加えるのがポイント。本書では、レッド（ノーテイスト）、ピンク、オレンジ、レモンイエロー、ケリーグリーン、リーフグリーン、スカイブルー、ロイヤルブルー、バイオレット、ブラウンの10色を使用しています。

本書でアイシングカラーを使っているレシピ

	ページ	着色時のポイント
アイシングクッキー	p.30 ほか	
カップケーキのクリーム	p.31	
クレープ生地	p.52	p.24-28 で紹介するパレットよりも、少し黄色がかった色になる。
パンケーキ生地	p.53	
ケーキのスポンジ	p.86	
生クリーム	p.72 p.84	着色のときに混ぜすぎると、クリームがぼそぼそになってしまうので要注意。生クリームがぼそぼそになったら、牛乳か追加の生クリームを足して。

※生チョコ、ホットチョコドリンク（p.72）はチョコレート用着色料を使用していますが、アイシングカラーでも代用可能です。

推し色の作り方

アイシングカラーの色見本です。
●◆の数は色を作る際の目安です。

赤
Red

元気いっぱいの赤

レッド（ノーテイスト）

Point

赤は色がなかなか出ないので、ほかの色よりも多めにアイシングカラーを入れて。

コーラルレッド

レッド（ノーテイスト）　+　オレンジ
●●●　┼　●

深紅

レッド（ノーテイスト）　+　ブラウン
●●●
●●●　┼　●

ワインレッド

レッド（ノーテイスト）　+　バイオレット
●●●●
●●●●　┼　●

※レッド（ノーテイスト）などの色名は、
　すべて Wilton 社のアイシングカラーの色名・商品名です。

ピンク
Pink

ピンク
ピンク

パステルピンク
ピンク少量

コーラルピンク
レッド（ノーテイスト） ＋ オレンジ少量

ホットピンク
ピンク ＋ バイオレット少量

オレンジ
オレンジ

パステルオレンジ
オレンジ少量

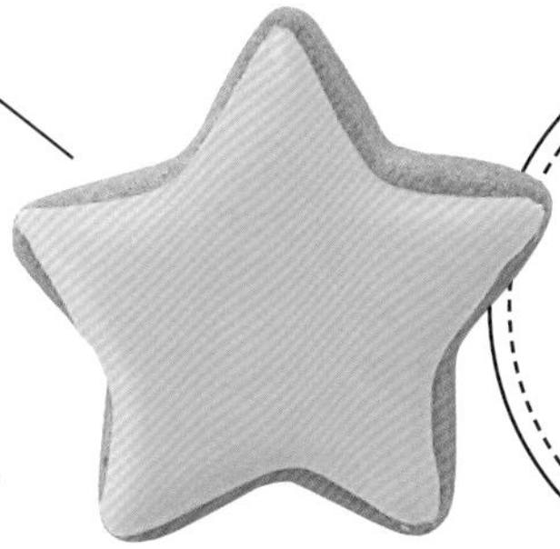

オレンジ
Orange

みかん色
オレンジ中量

レモンイエロー
レモンイエロー

元気いっぱいの黄色
レモンイエロー ＋ オレンジ

黄
Yellow

パステルイエロー
レモンイエロー少量

25

緑
Green

元気いっぱいの緑

ケリーグリーン

エメラルドグリーン

リーフ
グリーン ＋ スカイ
ブルー

深緑

ケリーグリーン ＋ ブラウン

ミントグリーン

リーフ
グリーン ＋ スカイ
ブルー

パステルグリーン

リーフグリーン
少量

黄緑

リーフ
グリーン

黄緑
Yellowgreen

青
Blue

元気いっぱいの青
ロイヤルブルー
少量

濃いめの青
ロイヤルブルー

**パステル
ブルー**
スカイブルー
少量

水色
スカイブルー

**ターコイズ
ブルー**
スカイブルー　リーフグリーン

紫
Purple

**パステル
パープル**
バイオレット
少量

紫
バイオレット

すみれ色
バイオレット
中量

紫は作りたい色をよく観察して。色に合わせて青や赤をプラスすると再現したい色に近くなります。

茶色
Brown

茶色
ブラウン少量

こげ茶
ブラウン

キャメル
ブラウン

レモン
イエロー　　オレンジ

ブラック
ブラックココア
パウダー

グレー
ブラックココア
パウダー少量

黒
Black

Point

黒色はアイシングカラーを買わ
なくてもOK。製菓用のブラッ
クココアパウダーが手軽です。

白
White

白
白はアイシングクリームの
色そのまま（p.32参照）な
ので、着色料は不要です。

推し色を並べれば、あのカラーリングになる！

色数をそろえるのは少し手間がかかるけれど、大好きなグループや作品に
合わせてたくさんの色を作るのもおすすめ。下の写真はそれぞれ、人気のあの人たちを表したもの。
色を並べるだけでも、あのグループが見えてくるから不思議……！

日本を誇る
あの歌劇団風♡

みんな大好きアイドル
グループのメンバーカラー！

大人気！あの漫画の
登場人物カラー !?

某六つ子カラーも
できちゃう

29

Icing cookies

市販のクッキーに
アイシング

市販品のクッキーでアイシングにチャレンジ！
動物やアルファベットの形のクッキーで
にぎやかな印象に。

Cupcake

アイシング の作り方

[材料]
作りやすい量

粉砂糖 ・・・・・・・・・・・・・・・・・・・・・・・ 200g
卵白 ・・・・・・・・・・・・・・・・・・・・・・・・・ 30g

01

ボウルに粉砂糖を入れる。

02

卵白を入れる。

03

粉砂糖と卵白をよく混ぜ合わせる。

04

粉っぽさがなくなるまでよく混ぜる。

05

クリームがツヤツヤに、クリームの先端にツノが出るまで混ぜたらできあがり。

06

すぐに小さいボウルに移してラップで密閉させる。

保存時は容器＋ラップを！

アイシングは作ったそばから表面が乾燥して固まってしまいます。作ったら必ずクリームの表面にラップをするのを忘れないように。
アイシングが余ってしまったら保存容器に入れて表面にラップをぴったりとかぶせ、保存容器のフタをしっかり閉めて冷蔵庫で保存します。保存の目安は三日間ほど。できるだけ早めに使い切りましょう。次に使うときは常温に戻し、全体をよく混ぜてから使用します。

アイシング の固さの目安　アイシングは使用用途によって固さを変えます。

固め	中間の固さ	柔らかめ
クッキーどうしやポップなどを接着させる	線や小さめの面を塗るときに	大きな面を塗るときに

スプーンですくったときに、クリームのツノがピンと立つくらい。

スプーンですくったときに、クリームのツノが少しおじぎするくらい。

スプーンですくったときに、アイシングがトロトロと下になめらかに落ちていく。

固さの調整は砂糖と水で！

固めに調整する

柔らかくしすぎてしまった場合は、粉砂糖をスプーンで少しずつ加えます。

柔らかめに調整する

固い場合は、スプーンで水を少しずつ加えて。粉砂糖も水も、少しずつがポイントです。

アイシング に色をつける　発色がよいので、必ず少しずつ着色を。色が濃すぎたときは、新しいアイシングに濃くなりすぎたクリームを少量加えて調整してください。

01

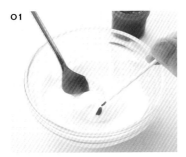

つまようじでアイシングカラーを少量とり、白いアイシングの上に置く。

02

スプーンで混ぜる。色が薄いと思ったら少しずつ足していく。

03

ピンク色になったところ。ムラがないようによく混ぜる。

コルネ の作り方

［材料］
OPP シート

コルネとは、アイシングを入れる絞り袋のこと。
先端からアイシングを出して絵や文字を書くための道具です。

01

OPP シートを 20cm × 20cm の正方形に切ってから、半分に切る。

02

シートの真ん中を持ち、反対の手で手前の角を持ち、中心に向かって巻く。

03

中心に向かってそのままくるくると巻く。

04

反対側の角を持つ。

05

巻いたところに巻きつけていく。

06

シートをすべらせ、先端がとがるようにすべて巻きつける。

07

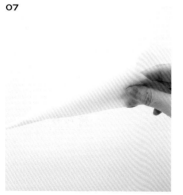

すべて巻いたところ。

08

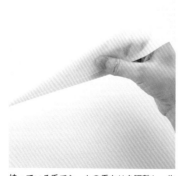

持っている手でシートの重なりを調整し、先端をとがらせる。

09

テープで止めて、できあがり。

※このページではわかりやすく説明するために白いオーブンシートを
　使用しています。実際は OPP シートで作成してください。

アイシングを コルネに詰める

01

スプーンで着色したアイシングをすくってコルネに入れる。

02

コルネの先端まで入るように少し押し込む。

03

スケッパーなどでコルネの先端までアイシングを押し込む。

04

アイシングを入れたら、コルネの両端を折りたたむ。

05

袋口をくるくると巻き、テープで止める。

> ## ワンコインショップの絞り袋も便利
>
>
>
> 最近では、ワンコインショップの製菓コーナーも充実しています。時期や店舗にもよりますが、比較的大きめの店舗にはアイシング専用の絞り袋が売られています。OPP のコルネよりは少し絞りにくいですが、作るのが面倒なときは、便利なアイテムです。

コルネ の使い方

先端を切って使う
使う前に、先端をはさみでまっすぐカットする。切ったそばから乾いてしまうので、要注意。

コルネの持ち方

コルネの後ろの部分を持ち、親指の腹でアイシングが出る量を調整する。後ろから先端に向かってアイシングクリームを押し出すように絞るとキレイに出る。

市販のクッキーにアイシングの作り方

[材料]

柔らかめのアイシング（p.33 参照）………………… 1回分
水 …………………………………………………………… 適量
アイシングカラー …………………………………………… 適量
市販のクッキー

アイシングにひたす

01

着色したアイシングと小さめのクッキーを用意する。

02

指でクッキーを持ち、片面をアイシングにひたす。

03

乾燥させてできあがり。

スプーンで塗る

スプーンにアイシングをとり、スプーンの背でクッキーの表面を塗る。

三色模様を描く

01

濃さの異なるアイシングを三色用意する。

02

薄い色から順番にスプーンで塗る。

マーブル模様を描く

01

土台に薄いアイシングを塗ってから、濃いアイシングをスプーンで置く。

02

つまようじで薄い色を濃い色の中に持っていくように模様を描く。

スプーンの背を使う

ここは中間の固さのアイシングで！

スプーンにアイシングをとり、スプーンの背でクッキーの表面を塗る。

コルネを使う

線を描くときの
ポイント

- 中間の固さのアイシングを用意する(p.33)。
- コルネの後ろ側を持つ。
- 親指の腹で出る量を調整する。
- 反対の手を添え、線を案内するように描くと思った通りの線が描きやすい。
- コルネの先端をクッキーにぴったりとくっつけずに、距離を置く。
- 空中でコルネの先端を浮かせてから、思い通りの線になるようにアイシングを置いていくイメージで。

ついついやりがちなNG例

- コルネの先端の方をぎゅっと握って持つ。
  ➡アイシングが均一に出ずキレイな線が描けません。
- コルネの先端をクッキーにぴったりとつけて描く。
  ➡ガタガタした線になってしまいます。コルネとクッキーはなるべく離して描きます。

模様の見本

市販のクッキーならたくさん練習も可能！
好きな模様をたくさん描いてみましょう。

レース模様

一見難しそうですが、細かい模様のほうが粗が目立ちにくく、キレイに見せることができます。

曲線模様

色違いの曲線を重ねた模様。大きなカーブを描く練習にぴったり。

マーブル模様

p.36で作ったマーブル模様。作る人によって個性が出る、楽しい模様です。

アイシングは接着剤にもなる

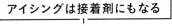

余ったアイシングを固めのアイシングにすれば(p.33)、クッキーとクッキーをつなげる接着剤になります。大きなクッキーの上に小さいクッキーを乗せることも可能。

カップケーキクリーム の作り方

[材料]約 10 個分
無塩バター ································· 50g
クリームチーズ ······················ 100g
粉砂糖 ································· 45g
アイシングカラー ····················· 適量

01

無塩バターとクリームチーズを室温において
柔らかくしておく。

02

クリームチーズをボウルに入れ、泡立て器で
なめらかになるまでほぐす。

03

別のボウルに無塩バターを入れて泡立て器で
軽くほぐしてから粉砂糖を入れ、よく混ぜる。

04

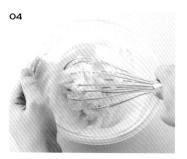

2 を入れ、よく混ぜる。

05

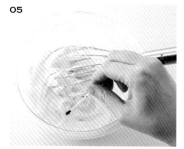

アイシングカラーで着色する。

06

着色したところ。

07

口金をつけた絞り袋に入れる。

08

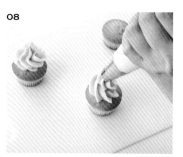

カップケーキの上に絞ってできあがり。

絞り方を変え、バラのようにしてもかわい
い！

手作りカップケーキ の作り方

[材料]約 10 個分

無塩バター	50g	ベーキングパウダー	小さじ¼
砂糖	50g	牛乳	大さじ½
卵	45g	バニラエッセンス	数滴
薄力粉	50g		

01

室温で柔らかくしたバターを泡立て器でほぐす。

02

砂糖を入れ、ふんわりするまで混ぜる。

03

卵を2回に分けて入れ、その都度よく混ぜる。

04

薄力粉、ベーキングパウダー、牛乳を入れて、よく混ぜる。

05

バニラエッセンスを数滴入れ、軽く混ぜる。

06

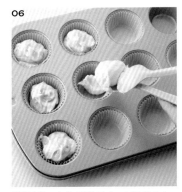

型紙を敷いた焼き型に入れ、180度のオーブンで約15分焼いてできあがり。

写真左は焼き型に敷く専用の紙製の型(使い捨ての型)。写真右は、紙製のミニマフィンカップ。後者は焼き型が必要ないため、天板にそのまま並べてオーブンで焼くことができます。カップケーキ型や小さめのマフィン型として売られています。

Column no3

市販のおやつも上手に組み合わせて

この本では、市販のおやつをベースにした簡単なレシピをたくさん紹介しています。市販品のいいところは、形がきれいなものが気軽に入手できるところ。アイシングが初めての人なら、市販のクッキーで好きなだけ練習できちゃうし（p.30）、カップケーキ（p.31）、シュークリーム（p.79）、そしてスポンジケーキ（p.84）も市販品をベースにすれば失敗知らず。1・2章で紹介したチョコレート・寒天・ゼリー・アイシングの着色の基本をマスターすれば、推し色のレシピはもっと広がるかも。推しへの気持ちと、お菓子作りを楽しみたいという気持ちを大事にしながら、自分に合ったレシピを探してみてくださいね。

CHAPTER 3

毎日推しといっしょ！

推し色
おうちカフェ

推し色ドリンク *Drink*

カラフルなドリンクが大集合！ スイーツに推し色ドリンクを添えれば、
家の中でもちょっとしたパーティが楽しめちゃう。

Red

いちごの甘酸っぱさが
さわやか！

いちごサイダー

[材料]
いちご	40g
砂糖	大さじ2
炭酸水	120ml
氷	適量

作り方

1 刻んだいちごと砂糖を耐熱容器に入れ、
500W の電子レンジで約1分半～2分加
熱する。

2 電子レンジから取り出して、粗熱を取る。

3 氷を入れたグラスに 2 を入れ、炭酸水を
静かに入れて混ぜる。

Pink

桃入りの
贅沢なドリンク

ピーチサイダー

[材料]
桃(缶詰でも可)	2切れ
桃シロップ	大さじ2 ½
赤色のシロップ	小さじ ½
炭酸水	120ml
氷	適量

作り方

1 グラスに桃2切れと氷を入れる。

2 2種類のシロップを入れ、炭酸水を加え
てよく混ぜる。

※ドリンクはすべて1杯のグラスの容量＝300ml目安です。
※シロップはグラスの底に沈殿しやすいので、飲む際によく混ぜてください。
※シロップは p.16-17 を参考にしてください。

Orange

つぶつぶの
果肉がたっぷり！

[材料]

お湯 ……………………………………… 80ml
紅茶のティーバッグ ……………………… 1個
オレンジの輪切り ………………………… 2枚
オレンジ果汁 …………………………… 70ml
氷 ……………………………………………… 適量
ガムシロップ ……………………………… 1個

作り方

1 お湯にティーバッグを入れて2分蒸らし、ティーバッグを外し冷ましておく。
2 オレンジをスライスし、輪切りを2枚作る。残りのオレンジは果汁を絞っておく。
3 氷を入れたグラスに2を入れて1を注ぎ、ガムシロップを入れる。

オレンジアイスティー

Yellow

大好きなプリンが
ごくごく飲めちゃう

[材料]

バニラアイス ……………………………… 60g
牛乳 …………………………………… 大さじ2
プリン …………………………… 1個（160g）
　※つるんとしたタイプのプリンが適しています
氷 ……………………………………………… 適量

作り方

1 グラスにバニラアイスと牛乳を入れる。
2 フォークでアイスと牛乳を混ぜる。
3 プリンを入れて、フォークで崩す。
4 最後に氷を入れる。

プリンドリンク

Yellowgreen

青りんごの香りが
どこか懐かしい

[材料]
青りんごシロップ ················· 大さじ 2 ½
緑色のシロップ ··················· 小さじ ¼
炭酸水 ···························· 70ml
りんごジュース ··················· 50ml
氷 ································ 適量

作り方

1 氷を入れたグラスに2種類のシロップを
　入れる。
2 炭酸水とりんごジュースを入れて混ぜる。

青りんごサイダー

Green

和風ドリンクを
めしあがれ

[材料]
抹茶 ······························ 小さじ 1
砂糖 ······························ 小さじ 2½
お湯 ······························ 30ml
牛乳 ······························ 80ml
氷 ································ 適量

作り方

1 抹茶に砂糖を入れて混ぜてからお湯を入
　れ、粉っぽさがなくなるまでよく混ぜる。
2 氷を入れたグラスに1を入れ、牛乳を注
　いで混ぜる。

アイス抹茶ラテ

海の底のような
青がキレイ

[材料]
ブルーキュラソーシロップ ········· 大さじ 2
冷凍ブルーベリー ······················· 15g
炭酸水 ································· 120ml
氷 ···································· 適量

作り方

1 氷を入れたグラスにシロップとブルー
　 ベリーを入れる。
2 炭酸水を入れ、軽く混ぜる。

ブルーソーダ

キラキラ浮かぶ
金平糖がかわいい

[材料]
青色のシロップ ····················· 大さじ 1
サイダー ···························· 120ml
金平糖 ···························· 小さじ 1
氷 ···································· 適量

作り方

1 グラスに氷を入れる。
2 シロップとサイダーを入れ、混ぜる。
3 最後に上から金平糖をふりかける。

金平糖サイダー

スミレ色サイダー

2色のシロップを混ぜると
キレイな紫色に！

[材料]

青色のシロップ ……………………… 小さじ ½
赤色のシロップ ……………………… 小さじ 2
サイダー ……………………………… 120ml
氷 …………………………………………… 適量

[作り方]

1 氷を入れたグラスに2種類のシロップを
　入れる。
2 サイダーを入れ、混ぜる。

食べごたえたっぷりで
おやつにもぴったり

Black

[材料]

ブラックココアクッキー ……… 4個（約30g）
　※クッキーの間の白いクリームは、あらか
　　じめ除いておく。
バニラアイス ………………………… 80g
ブラックココア ……………………… 小さじ ½
牛乳 …………………………………… 大さじ 4
ホイップクリーム …………………… 適量
氷 …………………………………………… 適量

[作り方]

1 ブラックココアクッキーを密閉できる袋に
　入れ、めん棒で細かく砕き、大さじ1を取
　り分けておく。
2 砕いたクッキーとアイス、ブラックココア、
　牛乳をフォークで混ぜ合わせる。
3 2と氷をグラスに入れてホイップを乗せる。
4 取り分けておいたクッキーを乗せる。

ブラッククッキーシェイク

ほっとするやさしい
味わいに癒されて

[材料]
水 ………………………………… 100ml
紅茶のティーバッグ ………………… 1個
牛乳 ……………………………… 100ml
キャラメル ………………………… 3個
ホイップクリーム ………………… 適量
キャラメルクッキー ……………… 1枚

作り方

1 小鍋に水を入れて沸騰したら、紅茶の
　ティーバッグを入れ、数分蒸らす。
2 牛乳とキャラメルを入れ、弱火でゆっくり
　煮溶かす。
3 カップに 2 を注ぎホイップを乗せ、クッ
　キーを砕いて乗せる。

Brown

キャラメルミルクティー

White

杏仁ミルク

つるつる飲めちゃう
杏仁豆腐♪

[材料]
杏仁豆腐 …………………………… 1個(140g)
牛乳 ……………………………… 100ml
さくらんぼ ……………………………… 1個
氷 …………………………………… 適量

作り方

1 杏仁豆腐をフォークで崩す。
2 1 を氷の入ったグラスに入れ、牛乳を注ぐ。
3 さくらんぼを乗せる。

チョコがけポップコーン

かぼちゃ・紫いも・いちごの天然着色パウダーで
色をつけたポップコーン。
甘じょっぱいおいしさがクセになりそう。

POPCORN

SPECIAL
CUP CAKE

チョコがけ ポップコーン の作り方

[材料] 作りやすい量

ポップコーン（塩味） ……………… 20g	天然着色パウダー ……………… 小さじ1
ホワイトチョコレート ……………… 70g	塩 ……………………………… 適量

01

チョコレートを50度の湯煎で溶かす(p.14参照)。

02

天然着色パウダー（チョコ用着色料でも可）を入れ、混ぜ合わせる。

03

ポップコーンを入れて混ぜ合わせる。

04

オーブンシートの上に乗せて、ポップコーンどうしがくっつかないように離す。固まったらできあがり。

お好みで塩をふっても◎。

アイスみたいな カップケーキ の作り方

[材料] 約3個分

市販のアイスクリームコーンカップ
………………………………… 3個
カップケーキ ……………………… 3個
　　　　（p.39 参照。市販品でも可）
コーンカップの底に入れる菓子類
（グミ、金平糖などお好みで）……… 適量
ホワイトチョコレート …………… 50g
サラダ油 ………………… 小さじ½
チョコレート用着色料 …………… 適量

生クリーム ………………………… 50ml
砂糖 ………………………… 小さじ½
さくらんぼ ……………………… 3個

01

コーンカップ、カップケーキ、菓子類を用意
し、コーンの底に菓子類を入れる。

02

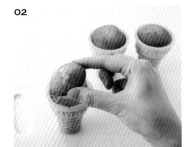

コーンカップにフタをするように、カップ
ケーキをはめる。

03

チョコを湯煎で溶かし、サラダ油を入れてよ
く混ぜ、着色料で着色する（p.14 参照）。

04

カップケーキの上に 3 をスプーンで塗る。
ところどころ垂らすとかわいい。

05

すべてチョコを塗ったら、冷蔵庫で 10 分ほ
ど冷やし固める。

06

氷水を入れたボウルを重ねながら、生クリー
ムに砂糖を入れ、ツノが立つまで泡立てる。

07

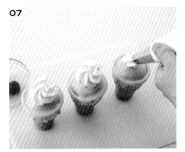

口金をつけた絞り袋に入れ、カップケーキの
上に絞る。

08

さくらんぼを乗せて、できあがり。

09

包丁で切った断面図。食べるときにいろんな
お菓子が出てきて楽しい！

クレープブーケプレート

推し色のクレープで好きなフルーツを包めば、
小さなブーケのできあがり。
型抜きフルーツのひと手間でぐっとかわいく！

CREPE

PANCAKE

クレープブーケプレート の作り方

［材料］約10枚分

薄力粉	125g	生クリーム	50ml
グラニュー糖	大さじ3	砂糖	小さじ1
卵	2個	フルーツ	適量
牛乳	250g		
無塩バター	30g		
アイシングカラー	適量		

01

ボウルに薄力粉、グラニュー糖、卵を入れ、泡立て器で軽く混ぜ合わせる。

02

牛乳を数回に分けて入れ、よく混ぜる。

03

バターを500Wの電子レンジで約40秒加熱して溶かし、2に入れてよく混ぜる。

04

アイシングカラーで着色し、冷蔵庫で1時間寝かせる。

05

冷蔵庫から出したらもう一度よく混ぜる。

06

中火で温めたフライパンに薄くサラダ油をしき、お玉1杯分の生地を入れる。

07

フライパンを回すように動かし、生地をフライパン全体に広げる。

08

生地のふちが乾燥してきたらひっくり返し、1分焼く。残りの生地も同じように焼く。

09

生地をおりたたみ、皿に生クリームなどを盛り付けてできあがり。

パンケーキ の作り方

[材料]約8枚分

┌ 薄力粉	150g	無塩バター
A ベーキングパウダー	小さじ2	アイシングカラー
└ グラニュー糖	大さじ2	フルーツ
卵	1個	
牛乳	180ml	

無塩バター ⋯⋯⋯⋯⋯⋯⋯⋯⋯⋯ 25g
アイシングカラー ⋯⋯⋯⋯⋯⋯⋯ 適量
フルーツ ⋯⋯⋯⋯⋯⋯⋯⋯⋯⋯⋯ 適量

01

ボウルにAと卵を入れ、泡立て器で軽く混ぜ合わせる。

02

牛乳を数回に分けて入れ、よく混ぜる。

03

バターを500Wの電子レンジで約40秒加熱して溶かし、2に入れてよく混ぜる。

04

アイシングカラーで着色する。

05

中火で温めたフライパンに薄くサラダ油をしき、お玉1杯分の生地を弱火でゆっくり焼く。

06

表面がふつふつしてきたらひっくり返す。

07

1～2分ほど焼いてできあがり。残りの生地も同じように焼く。

グループを意識して
写真撮影！

ダンスのワンシーンを
カップケーキで再現！

たくさんの色を作るのは少し手間がかかりますが、推しのグループがある人やグループ全員を応援している箱推しの人にはぜひチャレンジしてみてほしいもの。写真はカップケーキ（p.31）とアイスみたいなカップケーキ（p.49）。お菓子ひとつひとつに推し色をつけていくと、いつの間にか応援しているグループの姿が浮かんでくるかも……!?推し色スイーツはメンバーが並んだときに決まっている立ち位置のルールに合わせて並べてみて。写真撮影ももっと楽しくなるはず！

スイーツたちも
キメ顔してるみたい!?

グループならではの
色の配置を楽しんで

CHAPTER **4**

お菓子でできた
推し活アイテム！

推しグッズ
スイーツ

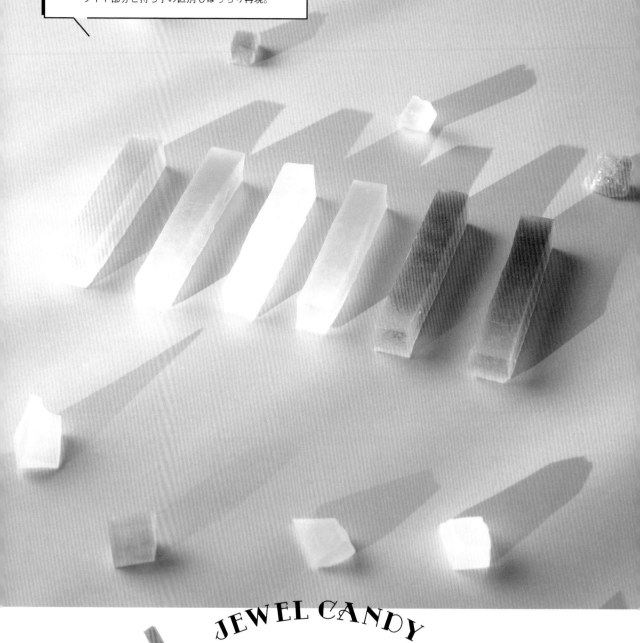

JEWEL CANDY

ペンライトショートブレッド

みんなの声援が聞こえてきそうな
小さなペンライト風ショートブレッド。
ミニサイズだからぬい撮りにもぴったり。

SHORTBREAD

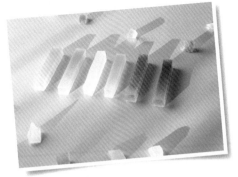

ペンライト 琥珀糖 の作り方

[材料]約 10 本分

粉寒天	2g
水	100g
グラニュー糖	150g
シロップ	小さじ 1 ½

※耐熱容器は約 12cm × 15cm を使用。
※耐熱容器にはあらかじめ薄くサラダ油を塗っておく。
※耐熱容器は底が平らなものがよい。

01

鍋に水と粉寒天を入れ、中火にかける。沸騰したらグラニュー糖を入れ、煮溶かす。

02
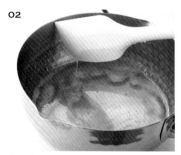
糸を引くまでとろみがついたら、火を止める。

03
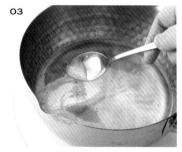
表面に浮いた細かい泡をスプーンで取り除く。

04

耐熱容器に 3 分の 1 ほど入れる。これがペンライトの持ち手になる。

05

鍋の残りにシロップを入れ、着色する。

06
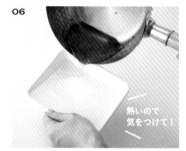
熱いので
気をつけて！

透明の部分が下になるように容器を傾け、容器の上部に 5 をゆっくりと注ぎ入れる。

07

粗熱が取れたら冷蔵庫で一時間冷やし固める。固まったらナイフを一周入れ、型から外す。

08

上下左右を切り落とし、7cm × 1cm の棒状にカットする。

09

オーブンシートに並べ、数日乾燥させる。両手で引っ張りながら置くとまっすぐになる。

ペンライトショートブレッド の作り方

[材料]約 25 本分

無塩バター	50g（常温に戻さない）
粉砂糖	25g
薄力粉	100g
塩	少々
牛乳	大さじ 1

[アイシングの材料]

粉砂糖	100g
卵白	15g
アイシングカラー	適量

01

角切りにしたバター、粉砂糖、薄力粉、塩を
ボウルに入れる。

02

ゴムベラでさっくりと混ぜてから指先でバ
ターと粉類をすり合わせ、そぼろ状にする。

03

牛乳を加え、よく混ぜる。

04

ひとまとまりにする。

05

オーブンシートを敷いたまな板の上に乗せ、
めん棒で 8mm の厚さに伸ばす。

06

約 7 cm

幅 7cm の帯状にカットし、冷蔵庫で 30 分
冷やし固める。

07

冷蔵庫から出して 1cm の太さに切り、140
度のオーブンで約 40 分焼く。

08

柔らかめのアイシングを作る（p.33 参照）。

09

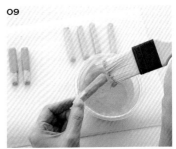

アイシングを着色し、粗熱を取ったクッキー
に刷毛で塗る。一晩乾燥させてできあがり。

ミニうちわ クッキー

ココアクッキーとアイスの棒で
食べられるミニうちわのできあがり！
好きな言葉を推しに届けて。

缶バッジチョコ

カラフルなチョコをメタリックなモールドに
流し込めば、缶バッジ風。
推しの名前をチョコペンで自由に彩って。

TIN BADGE
CHOCOLATES

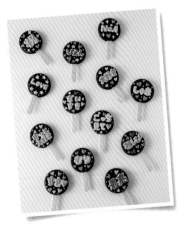

ミニうちわクッキー の作り方

[材料]約 10 個分
ブラックココアクッキー ················· 10 個
アイスの棒 ················· 5 本(半分に切っておく)

[アイシングの材料]
粉砂糖 ················· 100g
卵白 ················· 15g
アイシングカラー ················· 適量

01

2枚合わせのブラックココアクッキーを1枚
はがし、中のクリームを取り除く。

02

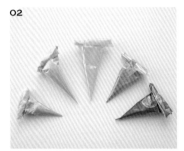

5色のアイシングを中間の固さで作り、コル
ネに入れる(p.35 参照)。

03

クッキーの表面に文字の縁取りを描く。

04

3の上に文字を描き、文字のまわりに星や
ハートを描く。

05

もう1枚のクッキーの裏面に余ったアイシン
グを塗り、アイスの棒を乗せる。

06

棒の上にアイシングを塗り、4のクッキーを
乗せる。一晩乾燥させたらできあがり。

写真撮影の Point

アイスの棒はうちわの持
ち手に見立てたもの。本
物のうちわみたいに立て
て飾ると、アイシングで描
いた文字がしっかり見え
て写真うつりも◎。市販
のケーキなどにピックとし
て刺すのもおすすめ。

缶バッジチョコ の作り方

[材料]約6個分

ケーキトレイ	6枚	ビスケット	6枚
ホワイトチョコレート	125g	飾りの砂糖、アラザン	お好みで
サラダ油	小さじ1¼	チョコペン	

01

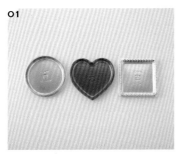

ケーキトレイを用意する。

02

ケーキトレイにビスケットを置く。

03

チョコを湯煎で溶かし、サラダ油を入れてよく混ぜ、着色料で着色する(p.14 参照)。

04

3のチョコを2に流し入れ、冷蔵庫で15分ほど冷やし固める。

05

チョコペンを湯煎で溶かし、コルネ(p.35 参照)に入れる。

06

文字や模様を描き、お好みでアラザンなどを乗せる。再び冷やし固めたらできあがり。

Point

コルネは細い文字が描きやすい！

文字をキレイに書きたいときは、チョコペンを湯煎して、コルネに詰めるとぐっと書きやすくなります。チョコが余ったときは、オーブンシートの上に好きなマークや文字を描いて。冷やし固めたら、ケーキのデコレーションにも使えます。

お祝いクッキー

好きな言葉を描けるアイシングクッキーで
推しへの愛を存分に語って。
お祝いのケーキに乗せてもかわいい！

Happy Birthday

Happy 1st Anniversary !

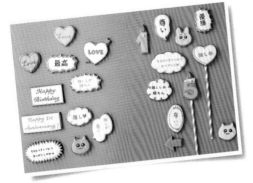

お祝い<u>クッキー</u> の作り方

[材料]約15枚分(型のサイズにもよる)
無塩バター ······················· 60g
粉砂糖 ····························· 60g
卵 ································· 25g
薄力粉 ···························· 125g

[アイシングの材料]
粉砂糖 ··························· 200g
卵白 ······························ 30g
アイシングカラー ··················· 適量

型紙　94 ～ 95 ページ

01

室温に戻したバターをボウルに入れ、泡立て器で混ぜる。

02

粉砂糖を入れてよく混ぜる。

03

卵を2回に分けて入れ、その都度よく混ぜる。

04

ふるった薄力粉を加え、ゴムベラでさっくりと混ぜ合わせる。

05

ひとまとまりになったらラップで包み、冷蔵庫で2時間(可能なら一晩)寝かせる。

06

冷蔵庫から出し、オーブンシートを敷いたまな板の上に乗せ、めん棒で5mmの厚さに伸ばす。

07

コピーした型紙の上にカットしたクリアファイルを乗せ、油性ペンでなぞる。

08

はさみでなぞった線の内側に沿ってカットする。

09

クッキー生地の上に8を乗せ、ナイフで形を切り抜く。180度のオーブンで約20分焼く。

10

アイシングを作り、中間の固さ(p33 参照)で縁取りを描く。

11

柔らかめのアイシングで面を塗る。縁取りの線に乗せるように、ぷっくりと塗る。

12

表面が乾燥したら中間の固さのアイシングを着色し、コルネで文字を描く。一晩乾燥させてできあがり。

フードペンで文字を描く

01

一晩乾燥させたクッキーと食用インクのフードペンを用意する。フードペンはアイシングの下書きにも使える。

02

フードペンでアイシングに文字やイラストを描く。約30分乾燥させたらできあがり。

持ち手をつける

01

ストローを使う場合は、先端をつぶして平らにしておく。

02

型紙を反転させて焼いたクッキーを用意し、アイシングでストローやロリポップをつける。

03

2 の上にさらにアイシングを塗り、クッキーを乗せて一晩乾燥させたらできあがり。

写真撮影の Point

そのままでもかわいいクッキーだけど、カラフルな持ち手をつければ、フォトプロップスのように手で持って撮影もできちゃう優れもの。もちろんケーキなどにピックとして刺してもOK。ラッピングすれば、プレゼントにも最適！ ラッピングアイテムも推し色で統一すれば完璧。

推し活アイテムと
いっしょに撮影!

手作りした推し色スイーツは、キレイに
撮って友達に見せたり、SNSに投稿を!
推し活に欠かせないのが、キャラクター
のイラストが描かれたアクリルスタンド
や「ぬい撮り」に使われる小さめのぬい
ぐるみ。この本の中でもおすすめなのが、
ペンライトショートブレッド(p.59)と
ミニうちわクッキー(p.62)。どちらも
サイズ感がアクスタやぬいぐるみにぴっ
たり! 背景に推し色の布や紙を置いて
スタイリングにもこだわってみて。

アクリルスタンドイラスト:chisato

推し色スイーツに
アクスタを添えて

手にペンライトを
持っているみたい!

お菓子の中に
アクスタがまぎれこんだ!?

CHAPTER 5

特別な日に作りたい！

推しにささげる
スペシャル
スイーツ

ホットチョコドリンク

オブラート＋フードペンで
好きなイラストを浮かばせて。

チョコレートバーク

上に乗ったナッツの味と
チョコレートの甘さがたまらない。

ガトーショコラ
手作りケーキは
バレンタインの大本命！

生チョコタルト
着色の仕上がりは
大人かわいいくすみカラー。

VALENTINE

[ガトーショコラ] の作り方

[材料] 直径 15cm の型 1 台分

チョコレート ……………………… 150g	生クリーム ……………………… 100ml
無塩バター …………………………… 35g	砂糖 …………………………… 小さじ 1
卵 ……………………………………… 3 個	アイシングカラー ………………… 適量
薄力粉 ……………………………… 大さじ 2	いちご ………………………………… 6 粒
グラニュー糖 ……………………… 40g	

01

オーブンシートを型に合わせて切り、底と側面に敷く（市販の使い捨ての型でも可）。

02

ボウルにチョコとバターを入れ、湯煎で溶かす。

03

卵黄を入れてよく混ぜる。

04

薄力粉を加え、よく混ぜる。

05

卵白をハンドミキサーで泡立てる。

06

5 がもこもこと泡立ってきたら数回に分けてグラニュー糖を加える。

07

ツノが立つまで泡立てる。

08

7 をひとすくいとり、**4** のボウルに加えて混ぜる。

09

残りの **7** をすべて入れ、ゴムベラで混ぜ合わせる。

10

型に入れ、型を約2回落として大きい気泡を消す。180度のオーブンで約35分焼く。

11

生クリームに砂糖を入れ、氷水を入れたボウルに当てながら泡立てる。

12

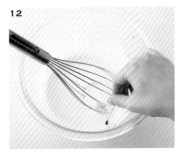

生クリームがトロッとしてきたら、アイシングカラーで着色する。

13

もう少し泡立てて、7分立てくらいの少しゆるめのクリームにする。

14

ガトーショコラが完全に冷めたら、中心に**13**を乗せ、内側から外側へ塗り広げる。

15

いちごを乗せて、できあがり。

生チョコタルト の作り方

[材料]約8個分

ホワイトチョコレート ……………………………………… 80g
生クリーム ………………………………………………… 35g
無塩バター ………………………………………………… 5g
チョコレート用着色料(アイシングカラーでも可)………… 適量
市販のタルトカップ ……………………………………… 8個
飾りの砂糖、アラザン …………………………………… 適量

01

ホワイトチョコレートを50度の湯煎で溶かす。

02

1に500Wの電子レンジで約20秒温めた生クリームと、常温に戻したバターを入れ、よく混ぜる。

03

チョコレート用着色料で着色する。

04

タルトカップに**3**を流し入れる。

05

お好みで飾りの砂糖やアラザンを乗せる。冷蔵庫で1時間冷やし固めてできあがり。

チョコレートバーク の作り方

[材料] 15cm × 20cm のバット 1 台分
ホワイトチョコレート ··· 200g
チョコレート用着色料 ··· 適量
好みのナッツ ·· 適量

01

オーブンシートをバットの形に整えて敷く。

02

チョコを湯煎で溶かす。大さじ 3 杯分を別の容器に分けておく（**A**）。

03

2（**A** を除く）を薄めに着色し、大さじ 3 杯分を別の容器に分け（**B**）、残りを 1 に入れる。

04

B を濃い目の色に着色する。

05

3 の上に（**A**）と（**B**）をスプーンで交互に置き、水玉模様を作る。

06

つまようじでマーブル模様にする。薄い色を濃い色の中に持っていくようにするとよい。

07

ナッツを乗せて、冷蔵庫で 1 時間冷やし固める。

08

冷蔵庫から出し、室温に戻してからカットしてできあがり。手で割っても OK。

ホットチョコドリンク の作り方

[材料]約1杯分
ホワイトチョコレート …………………………………… 30g
牛乳 ………………………………………………………… 150ml
チョコレート用着色料(アイシングカラーでも可) ……… 適量
オブラート
フードペン

01

耐熱容器に牛乳を入れ、500W の電子レンジで約1分温める。

02

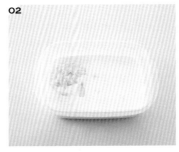

1 に刻んだチョコを入れる。

03

よく混ぜてチョコを溶かす。溶けない場合は追加で加熱し、チョコを完全に溶かす。

04

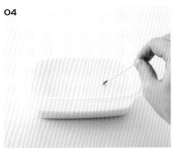

チョコレート用着色料で着色する。

05

カップに注ぐ。

06

オブラートにフードペンで文字やイラストを描く。

07

5 に乗せて、できあがり。

ジンジャークッキー

スパイスが効いた大人味のジンジャークッキー。
好きなアイシングで模様を描けば
さりげない推しへのアピールができちゃう。

GINGER
COOKIES

シューツリー&
クリスマスドリンク

クリスマスカラーのスイーツは
市販品を使ってかわいくお手軽に♪
色を変えて推し色にアレンジしても楽しい！

CREAM PUFF
TOWER

ジンジャークッキー の作り方

[材料]約30枚分(型のサイズにもよる)

無塩バター	100g
きび砂糖	90g
はちみつ	20g
卵	30g

A
薄力粉	200g
ジンジャーパウダー	大さじ½
シナモン	小さじ½
ナツメグ	小さじ¼
クローブ	小さじ¼
ベーキングパウダー	小さじ½

[アイシングの材料]

粉砂糖	100g
卵白	15g
アイシングカラー	適量

01

ボウルにバターを入れ、泡立て器で混ぜる。

02

きび砂糖を入れてよく混ぜる。

03

はちみつを入れてよく混ぜる。

04

卵を2回に分けて入れ、その都度よく混ぜる。

05

Aを加え、ゴムベラでさっくりと混ぜる。

06

粉気がなくなるまでよく混ぜる。

07

ひとまとまりになったらラップで包み、冷蔵庫で2時間寝かせる。

08

冷蔵庫から出し、オーブンシートを敷いたまな板の上に乗せ、めん棒で3mmの厚さに伸ばす。

09

クッキー型で抜き、180度のオーブンで約12分焼く。

10

クッキーが焼けたところ。完全に冷ましてからアイシングを絞る。

11

中間の固さのアイシングを作り（p.33 参照）、模様を描く。一晩乾燥させてできあがり。

推し色ジンジャークッキーでクリスマスを彩ろう

好きな色でアイシングしたクッキーたちは、写真のように袋をかぶせて紐をつけると、クリスマスツリーのオーナメントに早変わり。きび砂糖を使ったクッキーのやさしい色合いが、インテリアにもなじみます。

今回はクリスマスに関係あるモチーフで作っていますが、もちろんアイシングは自由に描いてOK。推しの名前やモチーフ、セリフなどを描けば、クリスマスを盛り上げるアイテムに！

リースに添えても

[シューツリー] の作り方

[材料] 1台分
ホワイトチョコレート ……………………… 100g　　市販のミニシュークリーム ………………… 18個
サラダ油 ……………………………… 小さじ1　　チョコレート用着色料 …………………… 適量

01

チョコレートを50度の湯煎で溶かし、サラダ油を入れてよく混ぜる(p.14参照)。

02

チョコを半分ずつ容器に分け、それぞれ着色する。

03

シュークリームをチョコにひたし、冷蔵庫で20分ほど冷やし固める。

04

8個お皿に盛る。

05

4の上に6個お皿に盛る。

06

5の上に3個お皿に盛る。

07

最後に1個盛り付けてできあがり。

クリスマスドリンク の作り方

[材料]約2杯分
水	大さじ2	サイダー	140ml
粉ゼラチン	3g	クランベリージュース	160ml
水	100ml	氷	適量
緑色のシロップ	大さじ3		

01

ゼラチンを水 (大さじ2) に振り入れ、ふやかしておく。

02

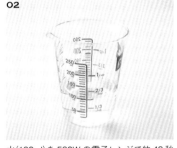

水 (100ml) を 500W の電子レンジで約40秒加熱する。

03

2 に 1 を入れて溶かす。

04

シロップを入れ、よく混ぜる。

05

4 を耐熱容器に入れ、粗熱が取れたら冷蔵庫で2時間冷やし固める。

06

グラスに氷をたっぷり入れ、クランベリージュースを注ぐ。

07

サイダーを注ぐ。

08

5 のゼリーを賽の目状に切り、氷の上に乗せてできあがり。

ANNIVERSARY
CAKE

**MARBLE PATTERN
RARE CHEESE CAKE**

ANNIVERSARY CAKE SPECIAL VER.

記念日ケーキ
スペシャルバージョン

推し色のスポンジがかわいい特別なケーキ。
ホイップの口金を変えるだけで
ケーキのいろんな表情が楽しめます。

記念日ケーキ の作り方

[材料] 1台分

生クリーム	200ml	市販のスポンジケーキ(直径15cm)	1台
砂糖	大さじ1	いちご	8個
アイシングカラー	適量	飾りの砂糖、アラザン	適量

01

ボウルに生クリームと砂糖を入れ、氷水を入れたボウルに当てながら泡立てる。

02

生クリームがトロッとしてきたら、アイシングカラーで薄めの色に着色する。

03

別の容器にそれぞれ大さじ4杯分ずつ分け、中間の色と濃い色のクリームを作る。

04

2 を7分立てまで泡立てる。

05

市販のスポンジケーキの下段のスポンジに **4** を塗る。

06

半分に切ったいちごを乗せる。

07

いちごの上に **4** を塗る。

08

上段のスポンジを乗せる。

09

スポンジの上に **4** を乗せ、スプーンで広げる。

10

3の中間の色と濃い色をスプーンで水玉模様のように乗せる。

11

スプーンの背で花びらを描くようにしてクリームをのばす。

12

飾りの砂糖やケーキトッパーを乗せてできあがり。

ケーキ表面の見本

p.84 のケーキの表面。アイシングカラーで着色した生クリームは、薄い・中間・濃い色の3色を作っておくのがポイント。スプーンの背をペインティングナイフのように使うと、ラフさがかわいい仕上がりに。正解の模様はないので、自分の好きなように仕上げてみて!

シンプルなケーキこそ大胆に飾りつけて!

ケーキトッパーはお祝いのメッセージや記念の数字など、ケーキに刺すだけで一気にお祝いムードが高まる優れものです。

定番のロウソクはカラフルな色を楽しめるほか、押し色で統一するのも素敵。

ケーキを彩るピックたちも、ちょっとプラスするだけでパッと華やかにしてくれます。

もちろん p.66-67 のお祝いクッキーをケーキのそばに飾りつけてもOK。市販のスポンジを使った簡単なケーキだからこそ、にぎやかな飾りつけを楽しんで。

ケーキトッパー

ピック

ロウソク

マーブルレアチーズケーキ の作り方

[材料]底が取れる直径 15cm の型 1 台分

ビスケット ・・・・・・・・・・・・・・・・・・・・・・・・・・・・ 60g	砂糖 ・・・・・・・・・・・・・・・・・・・・・・・・・・・・・・・・・・ 70g
無塩バター ・・・・・・・・・・・・・・・・・・・・・・・・・ 40g	ヨーグルト ・・・・・・・・・・・・・・・・・・・・・・・・ 100g
粉ゼラチン ・・・・・・・・・・・・・・・・・・・・・・・・・・ 8g	生クリーム ・・・・・・・・・・・・・・・・・・・・・・・・ 150g
水 ・・・・・・・・・・・・・・・・・・・・・・・・・・・・・・・ 大さじ 4	アイシングカラー ・・・・・・・・・・・・・・・・・・・ 適量
クリームチーズ ・・・・・・・・・・・・・・・・・・・ 200g	

01

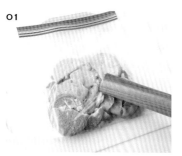

ビスケットを袋に入れ、めん棒で細かく砕く。

02

500W の電子レンジで約 40 秒加熱した溶かしバターを入れる。

03

手でもみ、よく混ぜる。

04

オーブンシートを型に合わせて切り、底に敷く。

05

3 を 4 の底に入れ、フォークの背で押さえて平らにする。冷蔵庫で冷やしておく。

06

ゼラチンを水に振り入れ、ふやかしておく。

07

常温に戻したクリームチーズをゴムベラでよくほぐす。

08

砂糖を入れ、よく混ぜる。

09

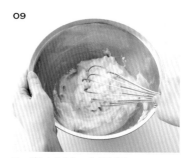

ヨーグルトを入れ、よく混ぜる。

10

生クリームを入れ、よく混ぜる。

11

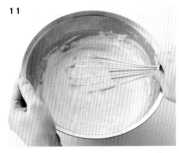

6 を 500W の電子レンジで約 30 秒加熱し、ボウルに加えてよく混ぜる。

12

11 を三等分して別々の容器に入れる。

13

それぞれアイシングカラーで薄い色、中間の色、濃い色に着色する。

14

5 の上に、スプーンでひとすくいずつ 13 を入れる。

15

すべてスプーンで入れたところ。

16

薄い色を濃い色の中に入れていくように！

つまようじでマーブル模様を描き、冷蔵庫で3時間冷やし固める。

17

冷蔵庫から出し、布巾を型のまわりに当てて温めてから、底を押し上げてケーキを抜く。

布巾は
50 度のお湯で
濡らして！

記念日ケーキ スペシャルバージョン の作り方

[材料]直径 15cm の型 1 台分

無塩バター	15g	生クリーム	300ml
牛乳	20g	砂糖	大さじ 1 ½
卵	2 個	いちご	12 個
砂糖	65g	さくらんぼ	6 粒
アイシングカラー	適量		
薄力粉	60g		

01

バターと牛乳を湯煎で溶かしておく。

02

ボウルに卵と砂糖を入れ、湯煎しながら約 40 度になるまで泡立て器で混ぜる。

03

40 度になったら湯煎から外し、ハンドミキサーで泡立て始める。

04

泡立ち始めたらアイシングカラーで着色し、生地がリボン状に落ちるまで泡立てる。

05

ハンドミキサーの低速で約 2 分ゆっくり混ぜ、生地のきめを整える。

06

薄力粉を加え、ゴムベラで底からかえすように混ぜる。

07

粉気がなくなったら、1 を全体に散らすように入れ、底からかえすように混ぜる。

08

オーブンシートを型に合わせて切り、底と側面に敷く（市販の使い捨ての型でも可）。

09

7 を入れ、型を約 2 回落として大きい気泡を消す。170 度のオーブンで約 30 分焼く。

10

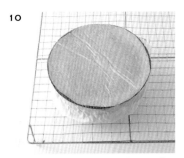

焼きあがったら20cmほどの高さから落とす。ひっくり返して型紙をつけたまま冷ます。

11

冷めたら型紙をはがす。

12

上の焼き色がついたスポンジを切り落とし、3枚にスライスする。

13

周囲の焼き色の部分を切り落とす。

14

生クリームに砂糖を入れ、クリームのツノが立つまで泡立てる。

15

下段のスポンジを皿に移し、**14**を絞る(写真は丸口金を使用)。

16

スライスしたいちごを乗せる。

17

いちごの上に生クリームを乗せ、スパチュラまたはスプーンで平らにする。

18

スポンジを乗せ、2段目も同じように仕上げる。

19

3段目のスポンジの上に生クリームを乗せ、中心から外側に塗り広げるようにして整える。

20

飾りの生クリームを絞る。

21

さくらんぼを乗せてできあがり。

クッキーの型紙

p.66-67 のお祝いクッキーの型紙です。型紙の使い方は、
p.68-69 を参考にしてください。
型紙はほぼ原寸大です。コピーしてお使いください。

推ししか
勝たん

最高

推し♡

LOVE

生まれてきてくれて
ありがとう♡

優勝

メリリル

宮本葵。
洋菓子店勤務を経てフランスにて製菓を学ぶ。
季節のお菓子やオーダーメイドのお菓子を制作。
絵本や雑誌のレシピ制作を数多く手がけており、
企業や作家からの依頼も多数。
推しは愛鳥のふくちゃん。
https://melililou.jp/

🐦 @melililou　📷 @melililou.lilou

撮影：田辺エリ
デザイン：庭月野 楓（monostore）
編集：荻生 彩（グラフィック社）

推しにささげるスイーツレシピ
2021 年 1 月 25 日　　初版第 1 刷発行

著者　　　メリリル
発行者　　長瀬 聡
発行所　　株式会社グラフィック社
　　　　　〒 102-0073
　　　　　東京都千代田区九段北 1-14-17
　　　　　TEL 03-3263-4318（代表）　FAX 03-3263-5297
　　　　　振替 00130-6-114345
　　　　　http://www.graphicsha.co.jp/
印刷・製本　図書印刷株式会社